EXPLICATION

DES

TABLEAUX, SCULPTURES

ET AUTRES OBJETS D'ART,

FAISANT PARTIE

de l'Exposition ouverte au Palais St-Pierre,

AU PROFIT DES OUVRIERS SANS TRAVAIL.

PRIX : 1 FRANC.

Se trouve

CHEZ LE CONCIERGE DU PALAIS-DES-ARTS,
ET DANS LA SALLE DE L'EXPOSITION.

LYON. 1837.

EXPLICATION

DES

TABLEAUX, SCULPTURES

ET AUTRES OBJETS D'ART,

FAISANT PARTIE

De l'Exposition ouverte au Palais-St-Pierre,

Le 1ᵉʳ Juin 1837,

AU PROFIT DES OUVRIERS SANS TRAVAIL.

PRIX : 1 FRANC.

SE TROUVE

CHEZ LE CONCIERGE DU PALAIS-DES-ARTS,
ET DANS LA SALLE DE L'EXPOSITION.

LYON, 1837.

Avis.

Le Comité chargé d'organiser l'Exposition, prévient le public qu'il a cru devoir conserver les indications qui lui ont été données par les propriétaires des ouvrages exposés. On comprendra facilement le motif de convenance qui lui a fait prendre cette décision. Le Comité a donc placé, dans ce livret, et sans examen, le nom de l'auteur de chaque tableau ou autre ouvrage d'art, et les détails qui y sont relatifs; tels qu'ils lui ont été donnés par son propriétaire; en conséquence, il ne prend nullement sous sa responsabilité les erreurs qui pourraient avoir été commises dans ces indications.

NOTA.

Le Livret se compose de deux parties, formant deux séries de numéros :

1° Tableaux ;
2° Sculptures et autres objets d'art ; — Oiseaux.

LYON. IMPR. DE G. ROSSARY,
Rue St-Dominique, n° 1.

EXPLICATION

DES

TABLEAUX, SCULPTURES ET AUTRES OBJETS D'ART,

Exposés au Palais Saint-Pierre.

Première Partie. — Tableaux.

DÉSIGNATION DES TABLEAUX.	PROPRIÉTAIRES.
1 Une halte de cavaliers après une bataille; par Joseph Parocel. *Un des cavaliers tenant un drapeau à la main, se désaltère auprès d'un ruisseau.*	MUSÉE DE LA VILLE.
2 Ellébores de jardin et des champs; par Ch. Berjon.	M. BERJON.
3 Intérieur d'un cloître, par Clérian, élève de Girodet.	M. THOMÉ, m^d. de tableaux.
4 Sainte famille (école française).	MUSÉE.
5 Portrait de Rembrandt; par lui-même.	M. CHARCOT.
6 Adoration des bergers; école des Carraches.	MUSÉE.

DÉSIGNATION DES TABLEAUX.	PROPRIÉTAIRES.
26 Paysage, genre historique; attribué à Francisque Millet.	M. CHABANNE.
27 La Samaritaine; (Albane.)	M. GILIBERT.
28 Incendie d'un village; attribué à Stéen.	MUSÉE.
29 Marche d'animaux; par Castiglione.	MUSÉE.
30 Un retour de chasse; par Staub.	M. HOETH, marchand de tabl.
31 Ariane et Bacchus, dans l'île de Naxos; attribué à l'Albane.	M. HARDOIN.
32 Adoration des rois mages; (école vénitienne.)	MUSÉE.
33 Sortie de l'arche; par Bon Boullogne. Noé et ses enfants rendent grâces à Dieu d'avoir échappé au déluge.	MUSÉE.
34 Sainte Famille; (A. Carrache).	Mme Ve HARDOIN.
35 Paysage; par Hellemans.	M. THOMÉ, marchand de tabl.
36 Une mère et son enfant malade; par M. Bonnefond.	M. GILIBERT.
37 Marine; par Van-der-Kabel.	MUSÉE.

DÉSIGNATION DES TABLEAUX.	PROPRIÉTAIRES.
38 Retour de la chasse; par Martin.	M. HARDOIN.
39 Combat de bœufs.	M. THOMÉ, marchand de tabl.
40 Fleurs dans un vase d'albâtre; par M. Berjon.	M. BERJON.
41 Épisode de la campagne de Russie; par Toussaint Charlet. Une colonne de blessés harcelée par des Cosaques repousse leur attaque.	MUSÉE. Ce tableau a été donné à la ville par le gouvernement.
42 Vue de l'Ile-Barbe; par M. Grobon.	M. OYEX.
43 Vue du Pont-de-Pierre, au soleil couchant; par M. Grobon.	M. OYEX.
44 Paysage; par Ruissdael.	M. RIVET, préfet du Rhône.
45 Bouquet de fleurs dans une corbeille, posée sur une console; par M. Berjon.	M. BERJON.
46 Couronne de fleurs; par J. Monoyer, dit Batiste.	MUSÉE.
47 St. Luc évangéliste; attribué au Dominiquin.	M. GRANGER.
48 St. Mathieu; attribué au Dominiquin.	M. GRANGER.

DÉSIGNATION DES TABLEAUX.	PROPRIÉTAIRES.
49 Intérieur d'une église; par With.	M. HOETH, marchand de tabl.
50 Vue du chevet de l'église St. Jean; par Asselin.	M. THOMÉ, marchand de tabl.
51 Honneurs rendus au Tasse après sa mort; par Ducis.	MUSÉE.
52 Enlèvement d'Europe.	MUSÉE.
53 Fête flamande (Paul Potter).	M. CHARCOT.
54 Tête de jeune fille; par Gros-Claude.	M. GAYET FILS.
55 Mariage de Ste. Catherine (Stella).	M. CHARCOT.
56 Tête de vieillard.	M. DUCLAUX.
57 Portrait d'un bourgmestre (école hollandaise).	M. GILIBERT.
58 Cour de Fontainebleau; par Bouhot.	MUSÉE.
59 St. Jean (Murillo).	M. THOMÉ, marchand de tabl.
60 Tête de femme (école hollandaise).	M. RIVET, préfet du Rhône.
61 Buste d'une jeune femme; par Prudhon.	M. CHABANNE.

11

| DÉSIGNATION DES TABLEAUX. | PROPRIÉTAIRES. |

62 St. François d'Assise.   M. VINCENT (OCTAVE).

63 Allégorie (le Titien).   M. GILIBERT.

64 Une Vierge ; attribuée à Rubens.   M. JOURNEL.

65 Martyre de St. Sébastien (Le Dominiquin).   M. DES GUIDI.

66 Leçon de musique ; par Bonington.   M. RIVET, préfet du Rhône.

67 Paysage avec figures (David Téniers).   M. HARDOIN.

68 Jeune bergère endormie à laquelle on cherche à enlever sa houlette (Vatteau).   M. CHABANNE.

69 Jeux champêtres ; par Vatteau.   M. CHABANNE.
Une jeune femme danse le menuet avec un jeune homme.

70 Marine ; par Bonington.   M. RIVET, préfet du Rhône.

71 St-Paul dans l'île de Candie (Lebrun).   Mme Ve HARDOIN.

72 Groupe de fruits (David de Héem).   M. MONNERET, ma^d chand de tabl.

73 Jeune fille ; par M. Pacaud.   M. PACAUD.

DÉSIGNATION DES TABLEAUX.	PROPRIÉTAIRES.
74 Groupe d'artilleurs à cheval; par Formonval.	M. THOMÉ, marchand de tabl.
75 La Vierge et l'enfant Jésus (école du Corrège).	M. CHABANNE.
76 Le Christ à la colonne (Le Sueur).	M. THOMÉ, marchand de tabl.
77 Sainte Cécile; par Desidero de Angeli.	M. PALLEY.
78 Pêcheurs de l'Adriatique; par Léopold Robert.	Envoyé par M. PATURLE, de Paris.
79 Portrait; par Rembrandt.	M. VALOIS.
80 Vision de Saint Georges (école de Vandick).	M. MONNERET, marchand de tabl.
81 Laban cherchant ses idoles; attribué à Pietro di Cortone.	M. HARDOIN.
82 Portrait de M. Tissot; par M. Berthon.	M. TISSOT.
83 Adoration des mages; esquisse de Rubens.	M. FAVRE, marchand de tabl.
84 Un portrait; par Bloëmaert.	M. VALOIS.
85 Saint Joseph (Le Guide).	M. DES GUIDI.

| DÉSIGNATION DES TABLEAUX. | PROPRIÉTAIRES. |

86 Une chasse de Diane; attribué à Breughel. — M. ROUX.

87 Une des hauteurs de Bellevue; par M. de Grailly. — M. MONNERET, marchand de tabl.

88 Agar dans le désert (Le Guaspre). — Acquis pour le MUSEE par M. le Maire.

89 Portrait de Largillière; peint par lui-même. — M. CHARPENTIER.

90 Archimède (Pordenone). — M. POLLET.

91 Paysage avec figures et animaux (école de Berghem). — M. MONNERET, marchand de tabl.

92 Oiseaux; par Vankessel. — M. AUBERT.

93 Paysage; par Dunouy. — M. JUMELIN.

94 Paysage; par Dunouy. — M. JUMELIN.

95 Portrait d'un bourgmestre hollandais. — MUSÉE.

96 Poissons; par Vankessel. — M. AUBERT.

97 Le jugement de Midas; paysage de Breughel, personnages de Rottenhamer. — M. PANTHOT aîné.

DÉSIGNATION DES TABLEAUX.	PROPRIÉTAIRES.

98 Une plage; par Bonington. — M. RIVET, préfet du Rhône.

99 Portrait de François Robert Secousse, par Rigaud. — M. GILIBERT.

100 Le sacrifice de Manué; par Salomon Coning. — MUSÉE.

101 Un maréchal ferrant; par Jean Miel. — M. VALOIS.

102 Le torrent de Brow en Écosse; par Ruoldz. — M. POLLET.

103 Paysage, attribué à Bertin. — M. AUBERT.

104 L'enlèvement des Sabines par Flatzer (école de Rubens). — M. CAFFE.

105 Une bataille; par le chevalier Bredel. — M. PANTHOT aîné.

106 Une bataille; par le chevalier Bredel. — M. PANTHOT aîné.

107 Ariane et Bacchus; paysage de Breugel, figures de Rottenhamer. — M. LESGUILLIER.

108 Massacre des Mameluks au Caire (copie d'après H. Vernet). — M. ROLAND DE BAVILLE.

109 Vue de Suisse (gouache de Phélips). — M. DIDIER-PETIT.

DÉSIGNATION DES TRAVAUX.	PROPRIETAIRES.
110 Vue de Suisse (gouache de Phélips).	M. DIDIER-PETIT.
111 Paysage ; attribué à Wouwernans.	M. BONNET.
112 Portrait d'homme cuirassé ; par Gaspard Netscher.	MUSÉE.
113 Apparition de Jésus à la Vierge ; tableau gothique attribué au Perugin.	M. FAVRE, marchand de tabl.
114 Fleurs et fruits.	M. FAVRE, marchand de tabl.
115 Un ange jouant du tambourin.	M. FAVRE, marchand de tabl.
116 OEdipe sauvé par le berger ; par Brennet.	M. IMBERT, docteur-médecin.
117 Animaux et figures ; par Demarne.	M. MONNERET, marchand de tabl.
118 Agar renvoyée par Abraham (école de Rembrandt).	MUSÉE.
119 Tête de St-Jean Baptiste sur un plat.	M. ROUX.
120 Intérieur d'une écurie ; par M. Duclaux (dessin).	M. DUCLAUX.
121 Tentation de St-Antoine (école de Téniers).	M. PONT.

DÉSIGNATION DES TABLEAUX.	PROPRIÉTAIRES.
122 Un portrait; par Rigaud.	M. GILIBERT.
123 Vue du château Gaillard à Lyon; dessin par Boissieux.	M. HOETH, marchand de tabl.
124 Groupe de fleurs; esquisse de Baptiste Monoyer.	M. VALOIS.
125 Un Turc. Étude; par Dauzatz.	M. HECTOR DE LA F.
126 Fleurs; par Batiste Monoyer.	M. MONNERET, marchand de tabl,
127 La chaste Suzanne (école de Rembrandt).	M. JOURNEL.
128 Vue de Tenay; par Boissieux.	M. HOETH, marchand de tabl.
129 Fleurs; esquisse de Batiste Monoyer.	M. VALOIS.
130 Madeleine au pied de la croix (école de Vandick).	M. JOURNEL.
131 La Vierge et l'enfant Jésus; attribué à Léonard de Vinci.	M. THOMÉ, marchand de tabl.
132 Vue d'un pont, passage de muletiers; par M. Duclaux.	M. DUCLAUX.
133 Étude d'animaux; par Van Romeyn.	M. VERD.

DÉSIGNATION DES TABLEAUX.	PROPRIÉTAIRES.
134 Paysage (aquarelle de Calame).	M. DIDIER-PETIT.
135 Fleurs.	M. CULHAT.
136 Portrait de femme; par Nonotte.	M. CHARCOT.
137 Vase de fleurs dans lequel viennent se désaltérer deux colombes; par Lepage.	M. LEPAGE.
138 Paysage; par Vandermeulen.	M. VALOIS.
139 Incrédulité de St. Thomas (le Guerchin).	M. DE LAVAL.
140 Une flotte; par Both.	M. VERD.
141 Paysage (aquarelle de Calame).	M. DIDIER-PETIT.
142 Vue du phare de Gênes; par M. Duclaux (dessin).	M. DUCLAUX.
143 Fleurs; par Batiste Monoyer.	M. DIDIER-PETIT.
144 Sainte Cécile; par Santerre.	Mme la comtesse D'APCHIER.
145 Un Grec jouant de la guitare, étude aux trois crayons; par Decamps.	M. LEON DE LA F.

DÉSIGNATION DES TABLEAUX.	PROPRIÉTAIRES.
146 Le Christ au roseau (Solario).	M. VERD.
147 Une Vierge (école italienne).	M. GUILLON.
148 L'éducation du chat, par Crivelli.	M. DE LAVAL.
149 L'heureuse famille; par Deveria (aquarelle).	M. DIDIER PETIT.
150 Catherine de Médicis (aquarelle); par Hornung.	M. DIDIER PETIT.
151 Un songe, le bonheur dans le mariage; par Prudhon.	M. CHABANNE.

Un jeune homme, assis dans une nacelle dont il tient le gouvernail, arrête tendrement ses regards sur sa femme et son premier enfant, tous deux endormis entre ses genoux. La fortune, aidée de deux amours, tient les rames, et la nacelle glisse mollement sur une onde dont rien ne trouble le repos.

Cette esquisse provient de feu M. Brunet, ami de l'auteur.

152 Faust et Marguerite (aquarelle); par M. Trimollet	M. HECTOR DE LA F.
153 Marine (aquarelle); par Gudin.	M. LÉON DE LA F.
154 Groupe de fruits	M. DIDIER-PETIT

| DÉSIGNATION DES TABLEAUX. | PROPRIÉTAIRES. |

155 Une famille; par Gonzalès Coques. — M. VALOIS.

156 Portrait de femme; par Gaspard Netscher. — MUSÉE.

157 Groupe de fruits, aux trois crayons; par M. Berjon. — M. BERJON.

158 Deux paysages, avec figures et animaux; par M. Duclaux (dessins). — M. DUCLAUX.

159 Vue prise en Suisse; par Calame. — M. AUBERT.

160 Vue du pont de Clay; par Melle Chabert. — Mlle CHABERT.

161 Vue de la cascade des hôpitaux; par Melle Chabert. — Mlle CHABERT.

162 Fleurs dans un vase; gouache par M. Berjon. — M. BERJON.

163 Un cuirassier ivre; aquarelle par Belangé. — M. LEBRETON.

164 Sainte famille (école française). — M. FINET.

165 Le Christ au roseau. — M. COCQRDAN.

DÉSIGNATION DES TABLEAUX.	PROPRIÉTAIRES.
166 Groupe de fruits ; par Desportes.	M. VERD.
167 Marine (Backuysen).	M. LESGUILLIER.
168 Fête flamande ; par C. Dussart.	M. JOLY.
169 Canards ; par Underkoter.	M. DIDIER-PETIT.
170 Enlèvement d'Europe.	M. LEBEUF fils.
171 Découverte d'une île par les Espagnols (école flamande).	M. POLLET.
172 Marine (Backuysen).	M. VERD.
173 Scène d'intérieur ; par J. Stëen.	M. VERD.
174 Paysage flamand (Hobbema).	M. VALOIS.
175 Un portrait ; par Rigaud.	M. GILIBERT.
176 Un portrait ; attribué à Philippe de Champagne.	M. MACHERA.
177 Vue d'une plage du nord ; par Guindrand.	M. RAMBAUD.
178 Un vase de fleurs sur un autel antique (Van-der-kabel).	MUSÉE.

DÉSIGNATION DES TABLEAUX.	PROPRIÉTAIRES.
179 Paysage (Ruissdael).	M. VERD.
180 Paysage (paysage du Guaspre, personnages du Poussin).	M. VALOIS.
181 Portrait en pied d'un enfant dans un jardin ; par Picot.	M. LÉON DE LA F.
182 Repos d'une glaneuse ; par M. Berard.	M. BERARD.
183 Paysage ; par Oméganck.	M. L. BRUNIER.
184 Paysage (école flamande).	M. VALOIS.
185 Une halle ; par Sébastien Bourdon.	M. DIDIER-PETIT.
186 Martyre de saint Pierre le dominicain.	M. DESGUIDI.

Cette esquisse par le Titien est celle de son chef-d'œuvre qui se trouve à Venise.

187 Une foire ; par Demarne.	M. DELAVAL.
188 Paysage, fête flamande ; par Bout et Beaudevin.	M. VALOIS.
189 Saint Jean prêchant dans le désert.	M^e v^e HARDOIN.
190 Un lièvre suspendu ; par M. Berjon.	M. BERJON.

DÉSIGNATION DES TABLEAUX.	PROPRIÉTAIRES.
191 Saint Anthelme; par le Sueur.	M. CHARCOT.
192 Portrait de la duchesse de Médicis (Bronzino).	M. DE ST-THOMAS.
193 Paysage; aquarelle, par Siméon Fort.	M. LÉON DE LA F.
194 Un coq suspendu; par M. Berjon.	M. BERJON.
195 La mélancolie; par Feti.	M. CHARPENTIER.

Deuxième Partie. — Sculptures, Meubles, Armures, et autres Objets d'art.

DÉSIGNATION DES OBJETS.	PROPRIÉTAIRES.
1 Deux siéges en bois. Commencement du dix-septième siècle.	M. THIERRIAT.
2 Siége seigneurial. Seizième siècle.	M. MEUNIER.
3 Meuble à quatre portes avec son couronnement. Seizième siècle.	M. DIDIER PETIT.
4 Fauteuil et chaise. Commencement du dix-septième siècle.	Idem.

DÉSIGNATION DES OBJETS.	PROPRIÉTAIRES.
5 Bahut avec sculptures et incrustations. Renaissance.	M. DIDIER PETIT.
6 Dressoir. Seizième siècle.	Idem.
7 Bahut et sa serrure. Quinzième siècle.	Idem.
8 Meuble à quatre portes. Fin du seizième siècle.	M. DOLIANO.
9 Deux petites chaises de bois. Seizième siècle.	M. DIDIER PETIT.
10 Siége seigneurial avec son dais et sa garniture. Quinzième siècle.	Idem.
11 Cabinet du seizième siècle avec ornements en émail.	M. COMARMOND.
12 Cabinet en ébène avec ornements et incrustations en ivoire.	Idem.
13 Hallebarde du seizième siècle avec rinceaux, ornements, médaillons et bustes en argent incrustés sur la lance.	Idem.
14 Hallebarde du seizième siècle avec rinceaux et ornements incrustés sur argent.	Idem.

DÉSIGNATION DES OBJETS.	PROPRIÉTAIRES.
15 Armure d'un croisé armé de sa rapière. Seizième siècle.	M. DIDIER PETIT.
16 Une épée, lame à deux tranchants, garde à tige contournée.	M. COMARMOND.
17 Dague du dix-septième siècle.	M. DIDIER PETIT.
18 Épée du dix-septième siècle.	Idem.
19 Grande épée du seizième siècle.	Idem.
20 Épée à deux mains du seizième siècle.	Idem.
21 Épée du seizième siècle.	M. TRIMOLET.
22 Épée du commencement du dix-septième siècle.	M. DIDIER PETIT.
23 Dague du seizième siècle.	Idem.
24 Épée du dix-septième siècle.	M. TRIMOLET.
25 Masse d'arme du seizième siècle.	M. DIDIER PETIT.
26 Masse d'arme du seizième siècle.	Idem.
27 Hallebarde ciselée et damasquinée or. Seizième siècle.	M. COMARMOND.

DÉSIGNATION DES OBJETS.	PROPRIÉTAIRES.
28 Carabine suisse du seizième siècle.	M. DIDIER PETIT.
29 Carabine incrustée en ivoire. Seizième siècle.	Idem.
30 Pistolet à rouet, ornements en ivoire. Seizième siècle.	M. COMARMOND.
31 Pistolet damasquiné or, ayant appartenu à Louis XIII.	Idem.
32 Casque dit bourguignote damasquiné or. Seizième siècle.	M. DIDIER PETIT.
33 Pistolet guilloché; le bout de la poignée représente une tête de chien. Seizième siècle.	M. COMARMOND.
34 Pistolet à rouet, ornements en ivoire.	Idem.
35 Carabine dite poitrinal avec ornements en ivoire. Seizième siècle.	Idem.
36 Carabine suisse. Seizième siècle.	M. DIDIER PETIT.
37 Bouclier relevé en bosse et damasquiné or, ayant appartenu au maréchal St-André d'Albon. Seizième siècle.	M. COMARMOND.

DÉSIGNATION DES OBJETS.	PROPRIÉTAIRES.
38 Casse-Tête. Seizième siècle.	M. DE CAZENOVE.
39 Hallebarde damasquinée, argent. Dix-septième siècle.	Idem.
40 Épée à deux mains. Seizième siècle.	M. DIDIER PETIT.
41 Hache d'armes. Seizième siècle.	Idem.
42 Masse d'armes. Seizième siècle.	M. COMARMOND.
43 Bouclier dit rondache, représentant une épisode de la guerre de Troie. Seizième siècle.	M. DE CAZENOVE.
44 Un Gantelet. Seizième siècle.	Idem.
45 Poignard avec son fourreau en cuivre doré. Seizième siècle.	M. TRIMOLET.
46 Poignard. Seizième siècle.	Idem.
47 Poire à poudre. Seizième siècle.	Idem.
48 Armure d'enfant. Seizième siècle	M. DIDIER PETIT.
49 Hallebarde. Quinzième siècle.	Idem.

| DÉSIGNATION DES OBJETS. | PROPRIÉTAIRES. |

50 Hallebarde des ducs de Bourgogne. Seizième siècle. — M.-DIDIER PETIT.

51 Triptyque représentant l'Annonciation, peinture de Giotto. — Idem.

52 Triptyque en émail de Limoges, de P. Rexman, représentant N. S. au jardin des oliviers, sa descente aux Limbes, son apparition à saint Thomas, et les armes de Philippe de Bourbon, mort à la bataille de St-Quentin. — Idem.

53 Un Pleureur, statuette en marbre, du quinzième siècle. — Idem.

54 Un Pleureur, statuette en pierre, du quinzième siècle. — Idem.

55 Figure en bronze florentin. — M. POLLET.

56 Triptyque en émail de Limoges, de P. Rexman, représentant divers traits de la vie de saint Jean, sa prédication dans le désert, le baptême de N. S., sa décollation. Seizième siècle. — M. DIDIER PETIT.

57 Triptyque représentant le Calvaire, N. S. au jardin des oliviers et la résurrection, peint par Lucas Kranack. — Idem.

DÉSIGNATION DES OBJETS.	PROPRIÉTAIRES.
58 Un plat de Bernard de Palissy.	M. DIDIER-PETIT.
59 Zagaye de l'île de Madagascar.	M. COMARMOND.
60 Pertuisane gravée, du seizième siècle.	Idem.
61 Émail ovale, représentant un Christ, peinture du seizième siècle.	M. DIDIER PETIT.
62 Émail ovale, représentant un Christ, peinture du seizième siècle.	Idem.
63 Plat ovale, de Bernard de Palissy.	Idem.
64 Aiguière et son plat en étain, de Briot. Seizième siècle.	Idem.
65 Cabinet avec ornements en émail. Seizième siècle.	M. COMARMOND.
66 Bassin en verre avec ornements en émail et or.	Idem.
67 Benitier en verre craquelé avec mascarons et à anses mobiles. Seizième siècle.	Idem.
68 Vase en verre, travail vénitien, ornements en émail rouge et blanc.	Idem.

DÉSIGNATION DES OBJETS.	PROPRIÉTAIRES.
69 Silène et Bachus, bronze.	M. COMARMOND
70 Cabinet, incrustations en ivoire.	
71 Hallebarde dite goyard. Quinzième siècle.	Idem.
72 Hallebarde du seizième siècle.	Idem.
73 Poire à poudre en velours rouge avec ornements dorés.	Idem.
74 Cheval florentin. Seizième siècle.	Idem.
75 Plat en faïence, figures en relief. Dix-septième siècle.	Idem.
76 Bassin triangulaire de Faenza, dessin d'Urbino. Seizième siècle.	Idem.
77 Bassin en verre, ornements, émail et or.	Idem.
78 Deux vases en faïence noire, fabrique 79 du midi de la France Seizième siècle.	Idem.
80 Table. Seizième siècle.	Idem.
81 82 Deux bustes en marbre, têtes antiques.	Idem.

DÉSIGNATION DES OBJETS.	PROPRIÉTAIRES.
83 Deux portraits en émail représentant 84 Henri II et Diane de Poitiers.	M. COMARMOND.
85 Une table du commencement du seizième siècle.	M. MEUNIER.
86 Groupe en bronze de Coustou.	M. GAVINET.
87 Une table du seizième siècle.	M. COVILLARD.
88 Groupe en bronze, de Coustou.	M. GAVINET.
89 Tableau en émail représentant la Cène. Seizième siècle.	M. COMARMOND.
90 Tableau en émail. Seizième siècle.	Idem.
91 Coffret en émail sur paillons de L. Courtet. Seizième siècle.	M. DIDIER PETIT.
92 Coupe en émail de L. Rexman. Seizième siècle.	Idem.
93 Coupe en émail de L. Rexman. Seizième siècle.	Idem.
94 Une montre contenant la découverte faite dernièrement à Ruffieux, commune des Essarts, département de l'Isère.	MUSÉE.

DÉSIGNATION DES OBJETS.	PROPRIÉTAIRES.
95 Armure suisse du seizième siècle.	M. COMARMOND.
96 Pistolet à rouet incrusté ivoire. Seizième siècle.	Idem.
97 Pistolet à rouet du dix-septième siècle.	Idem.
98 Une dague, fourreau en fer ciselé. Quinzième siècle.	Idem.
99 Hallebarde, lame formant la fleur de lys ciselée à jour.	Idem.
100 Hallebarde à longue lame. Seizième siècle.	Idem.
101 Pertuisane ciseléee à jour. Quinzième siècle,	Idem.
102 Pertuisane ciselée. Seizième siècle.	Idem.
103 Hallebarde, lame à jour. Seizième siècle.	Idem.
104 Pertuisane à hache. Quinzième siècle.	Idem.
105 Épieu pour la chasse au sanglier. Seizième siècle.	Idem.

DÉSIGNATION DES OBJETS.	PROPRIÉTAIRES.
106 Hallebarde, avec croissant, travail à jour. Seizième siècle.	M. COMARMOND.
107 Hallebarde à lame gravée. Seizième siècle.	Idem.
108 Pertuisane gravée. Seizième siècle.	Idem.
109 Hache d'arme. Seizième siècle.	Idem.
110 Hallebarde. Seizième siècle.	Idem.
111 Pertuisane. Seizième siècle.	Idem.
112 Hallebarde d'exposition, destinée à supporter les têtes des suppliciés.	Idem.
113 Pertuisane gravée du seizième siècle.	Idem.
114 Épieu pour la chasse du sanglier. Seizième siècle.	Idem.
115 Hallebarde à longue lame. Seizième siècle.	Idem.
116 Pertuisane du quinzième siècle.	Idem.
117 Épieu gravé pour la chasse du sanglier. Seizième siècle.	Idem.

DESIGNATION DES OBJETS.	PROPRIETAIRES.
118 Pertuisane ciselée. Seizième siècle.	M. COMARMOND.
119 Pertuisane à hache. Quinzième siècle.	Idem.
120 Pertuisane à croissant. Quinzième siècle.	Idem.
121 Pertuisane. Seizième siècle.	Idem.
122 Fléau pour abattre du haut des remparts ceux qui montaient à l'assaut.	Idem.
123 Pertuisane du quinzième siècle.	Idem.
124 Pertuisane du quinzième siècle.	Idem.
125 Traquenard destiné à arrêter les fuyards et les assaillants. Quinzième siècle.	Idem.
126 Bas-relief, en bronze, représentant une Sainte-Famille.	M. POLLET.
127 Marteau d'arme. Seizième siècle.	Idem.
128 Hache d'arme. Seizième siècle.	Idem.
129 Un rétable en bois sculpté, avec ventaux peints.	Idem.

| DÉSIGNATION DES OBJETS. | PROPRIÉTAIRES. |

130 Vase en grès. Seizième siècle. — M. MEUNIER.

131 Glaive de cour, avec pierreries. Seizième siècle. — M. COMARMOND.

132 Laocoon, groupe en marbre d'après l'antique; par Chinard. — M. LACÈNE.

133 Portraits en cire, de Bonaparte et de Marie-Louise.

134 Christ, en cire. — M.

135 Nappe, façon dentelle. Seizième siècle. — M. DIDIER PETIT.

136 Nappe, façon dentelle. Seizième siècle. — Idem.

137 Vase en verre blanc, ornements en émail blanc, rouge et jaune (travail vénitien). — M. COMARMOND.

138 Vierge, en albâtre (travail gothique). — M. POLLET.

139 Armoire renfermant un choix de quelques oiseaux de la précieuse collection de — M. J. BOURCIER.

Dans la partie supérieure du meuble : différentes variétés d'oiseaux mouches et colibris.

Dans la partie inférieure : paradisiers, couroucous et autres oiseaux remarquables par leur rareté et par la beauté de leur plumage.

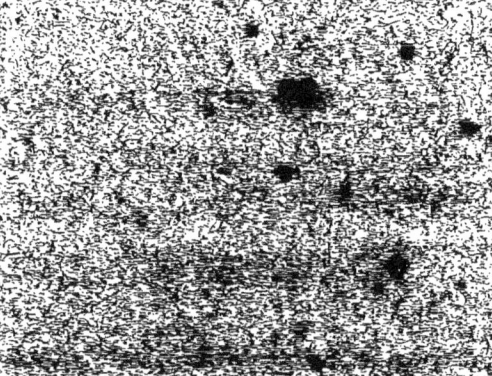

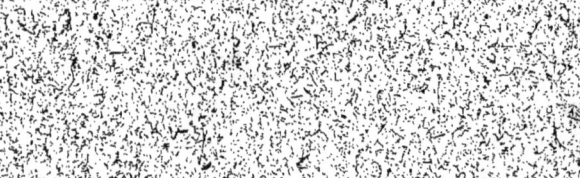

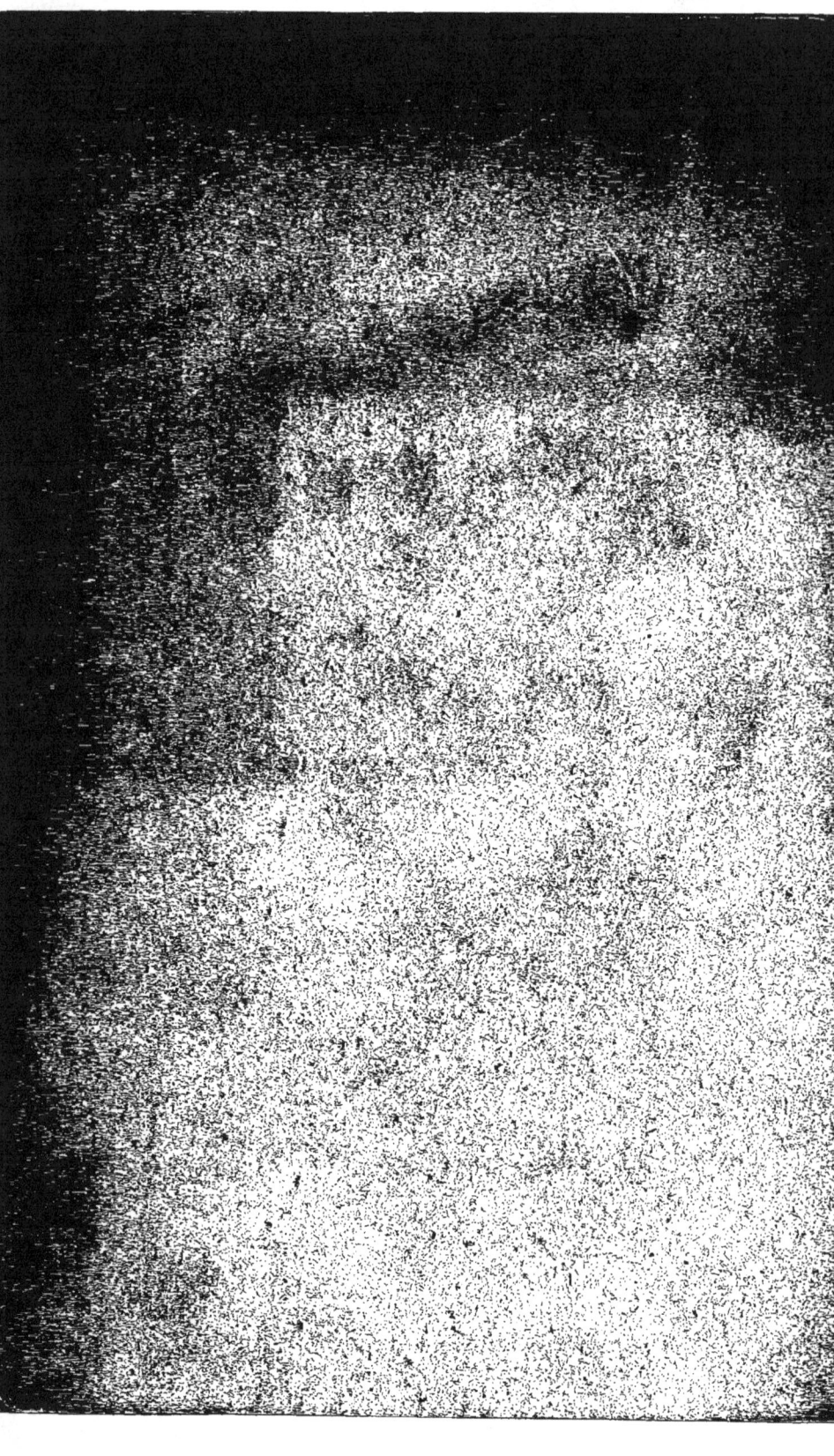

www.ingramcontent.com/pod-product-compliance
Lightning Source LLC
Chambersburg PA
CBHW060510050426
42451CB00009B/918